GUIA PRÁTICO DO PROFESSOR:

Atuando com crianças na primeira infância

DÉBORA C. FAVA

GUIA PRÁTICO DO PROFESSOR:

Atuando com crianças na primeira infância

Artesã

Guia prático do professor: atuando com crianças na primeira infância
1ª edição

COORDENAÇÃO EDITORIAL
Karol Oliveira

DIREÇÃO DE ARTE
Tiago Rabello

REVISÃO
Andrea Masciadri Barrios

CAPA
Karol Oliveira

ILUSTRAÇÕES
Studio Bonnie & Clyde

PROJETO GRÁFICO E DIAGRAMAÇÃO
Conrado Esteves

F272 Fava, Débora C..
Guia prático do professor : atuando com crianças na primeira infância / Débora C. Fava . – Belo Horizonte : Ed. Artesã, 2017.
128 p. ; 21 cm.
ISBN: 978-85-88009-68-4

1. Educação infantil. 2. Aperfeiçoamento de professores. 3. Psicologia infantil. I. Título.

CDU 373.2

Catalogação: Aline M. Sima CRB-6/2645

IMPRESSO NO BRASIL
Printed in Brazil

ARTESÃ EDITORA LTDA.
Site: www.artesaeditora.com.br
E-mail: contato@artesaeditora.com.br
Belo Horizonte/MG

Ao leitor

Se você é um professor, psicólogo ou educador que vive intensamente a sala de aula infantil, sabe o quão desafiador é conviver com as diferenças e manejar os conflitos entre os pequenos. A atuação do educador é fundamental no desenvolvimento socioemocional das crianças e exige grande dedicação para que possa executar um excelente trabalho de formar pessoas.

Esta obra tem por objetivo principal levar ao conhecimento do educador da primeira infância informações relevantes para a sua atuação com crianças no contexto escolar. Com base nos fundamentos das abordagens comportamentais e cognitivas, esta obra leva ao educador o conhecimento sobre o desenvolvimento infantil, sobre o comportamento de crianças pequenas e sobre as práticas de atuação que proporcionam maior sucesso.

No contexto da psicologia clínica, os programas de treinamentos de pais visam ao aumento na frequência de comportamentos desejáveis dos filhos. Esse eficaz método de tratamento também pode ser levado ao contexto da escola no sentido de instrumentalizar o professor para atuar de forma positiva com as crianças, aumentando a chance do desenvolvimento saudável e prevenindo problemas em saúde mental. Por isso, sob a forma de um guia prático, o texto discorre sobre aspectos importantes do desenvolvimento infantil e problemas de comportamento e se propõe a levar informações da prática do educador de forma exemplificada e ativa.

Os temas abordados estão baseados em literaturas e teorias sobre a temática. A lista dessas referências está disponível no final da obra.

Desejo a vocês uma excelente leitura!

Com carinho,

Débora C. Fava

Antes de falarmos sobre o comportamento das crianças e de como você pode fazer para lidar com dificuldades e potencializar o bom desenvolvimento socioemocional, é necessário conhecer um pouco sobre a abordagem cognitivo-comportamental.

Sumário

Capítulo 1

O QUE É ABORDAGEM COGNITIVO-COMPORTAMENTAL?

A Abordagem Cognitivo-Comportamental (ACC) leva esse nome, pois carrega aspectos do comportamentalismo e do cognitivismo. Dentro do comportamentalismo, destacamos o conceito de aprendizagem operante do autor Skinner (1938), que explica que todo o comportamento pode ser alterado se mudarmos as consequências desse comportamento no ambiente. Por exemplo, uma criança que se joga no chão ao ouvir um não da professora, pode continuar a exibir esse comportamento ou não. Se a professora emitir algum comportamento que reforce (ajude o comportamento das crianças a acontecer mais vezes), ele voltará a acontecer. Se a professora, na hora em que a criança se jogou no chão, for até ela e lhe der atenção, como pegá-la no colo ou dar o brinquedo que ela queria antes de se jogar, muito provavelmente ela continuará jogada no chão e fará isso mais vezes. Já se a professora extinguir (ignorar) o comportamento da criança, nesse momento, e focar atenção nos outros colegas, a chance de que esse comportamento ocorra novamente terá sido diminuída. Mais adiante, esses conceitos relacionados ao comportamento e formas de responder a cada um deles serão trabalhados em maior profundidade.

Mesmo sabendo que a relação entre ambiente e comportamento podem predizer e influenciar o desenvolvimento de uma criança, não podemos deixar de lado os aspectos individuais de cada uma e sua forma particular de interpretar as situações à sua volta. Consideramos que, além de a criança aprender a partir da experiência direta do seu comportamento e de como o ambiente reagiu a ele, ela também pode aprender a se comportar apenas observando. A esse fenômeno vamos chamar de aprendizagem social. Bandura (1977) apresentou esse conceito que pode ser ilustrado da seguinte forma: Léo observa que seu amigo Jonas é desaprovado quando levanta da roda durante a contação de história. A partir disso, Léo aprendeu que aquele comportamento pode ter consequências negativas, e isso aumenta a chance dele não realizar um comportamento similar. A partir disso, fica mais fácil entendermos que crianças não necessariamente precisam passar por algumas experiências para aprender as suas consequências.

O cognitivismo de Beck (1979) postula que as pessoas, a partir de suas aprendizagens diversas (seja recebendo informações, ou por aprendizagem operante, por aprendizagem social, por fatores temperamentais, etc.), constroem um sistema de crenças que vão guiar a maneira como interpretam as situações que vivem. A interpretação dos fatos é chamada de pensamento que, por sua vez, é um reflexo desse sistema de crenças.

A ACC prevê que não são as coisas que nos incomodam ou perturbam, mas sim a interpretação que fazemos das coisas. Assim, entende que se você se perturbou não com o comportamento do seu aluno, mas com a ideia que você tem sobre o comportamento dele. Veja o exemplo a seguir:

Situação	Pensamento	Emoção	Comportamento
Vitor saiu correndo quando solicitei que ele guardasse os brinquedos.	"Menino petulante, sempre quer me provocar de alguma forma"	Irritada, nervos à flor da pele.	Gritei para chamar sua atenção.
Vitor saiu correndo quando solicitei que ele guardasse os brinquedos.	"Ninguém me obedece nessa sala, devo ser uma incompetente mesmo"	Triste, decepcionada com a repetição disso.	Negligenciei a situação e a sala virou uma baderna, fiquei com dor de cabeça e estressada.
Vitor saiu correndo quando solicitei que ele guardasse os brinquedos.	Estou falhando na comunicação com esse menino, preciso entender ele melhor.	Tranquila, um pouco frustrada, mas esperançosa.	Busquei outra forma de resolver, fui até ele e fiz o pedido, abraçando-o. Ele guardou os brinquedos.

A tabela anterior mostra como é o modelo cognitivo. Para a ACC, as situações (S) que acontecem ATIVAM nossos pensamentos (P). Cada uma pensa de uma forma diferente sobre a mesma situação. Diferentes formas de pensar, geram diferentes formas de expressar emoções (E) e por consequência, de comportar-se (C).

S ⇨ P ⇨ E ⇨ C

A ACC é uma abordagem de tratamento psicoterápico baseada em três princípios.

1. Os pensamentos influenciam as emoções e o comportamento.
2. Os pensamentos podem ser monitorados e alterados.
3. Alterando o pensamento, é possível alterar o comportamento.

Entender o funcionamento cognitivo ajuda a praticar o auto monitoramento. Auto monitoramento é saber identificar suas emoções e seus pensamentos e poder regular-se emocionalmente, prevenindo que comportamentos não adequados aconteçam. Os adultos conseguem fazer isso com mais facilidade, diferente das crianças.

Dicas para o auto monitoramento

Se você se deu conta de que está sentindo raiva de alguém, por exemplo, pergunte a você mesmo: O que aconteceu pouco antes de me sentir assim? O que pode ter disparado esse mal-estar? De que forma eu pensei sobre isso que aconteceu?

Dicas para a modificação de pensamentos disfuncionais:

Se você percebeu que esse jeito de pensar sobre essa situação está fazendo-lhe mal ou aumentando ainda mais a sua emoção negativa (raiva, tristeza, inveja, etc.), pergunte a você mesmo: Existe outra forma de eu entender essa situação? Será que posso estar enganado sobre isso? Quais as vantagens e desvantagens de eu me pensar assim?

Muitas vezes pensamos "errado" sobre as situações. Como assim?

Os erros cognitivos são vieses que damos aos nossos pensamentos. O velho exemplo do copo com metade da sua capacidade de agua exemplifica muito bem. Algumas pessoas diriam que ele está meio cheio, enquanto outras, meio vazio.

Existem diversos erros cognitivos, alguns exemplos estão a seguir:

Catastrofização: quando fazemos o problema parecer maior do que realmente é, dando uma importância e gravidade aumentada a ele. Ex: *se eu não conseguir fazer a turma ficar calma para a atividade, a diretora da escola vai me demitir antes do período de experiência acabar.*

Minimização: Quando diminuídos os aspectos positivos de uma situação. Ex: *o meu relatório foi elogiado, mas também, qualquer um sabe fazer um relatório.*

Maximização: Ao contrário do anterior, ampliamos os aspectos negativos de uma situação. Ex: *No meu planejamento anual, esqueci de planejar as atividades de uma data comemorativa e por isso ele será um fracasso.*

Pensamento Dicotômico: quando classificamos as coisas em tudo ou nada. Ex: *se os alunos não gostam da minha proposta é porque sou um lixo de professora.*

Rotulação: quando colocamos rótulos inflexíveis nas pessoas ou em nós mesmos, geralmente negativos. Ex: *trabalhar com crianças de nível maternal é horrível, pois eles são extremamente desobedientes.*

Quando fazemos a pergunta "de que outra forma eu posso ver a situação?", damo-nos a chance de pensar de forma mais adequada e fidedigna à realidade. Com menos distorções, é mais provável que tenhamos um comportamento assertivo e funcional.

Situação	Pensamento	Erro Cognitivo	Emoção	Comportamento	Nova forma de ver a situação	Emoção	Novo Comportamento
Propus uma atividade de colagem e as crianças reclamaram	Não sei mais o que fazer, nada os agrada, vou deixá-los vendo DVD e esquecer o plano pedagógico.	Catastrofização Pensamento Dicotômico	Desmotivada, irritada, cansada, triste.	Ligar o DVD e abandonar o plano pedagógico	Colagem de papel pode ser chato para eles, mas colar coisas diferentes no pátio, ao invés da sala pode ser legal.	Esperançosa, motivada, tranquila.	Propor uma alteração na atividade estimulando para algo novo e diferente.

A terapia cognitivo-comportamental é uma abordagem de tratamento bastante consolidada no que se refere ao público adulto e nas últimas décadas conquistou esse posto também para o público infantil. É o tratamento de escolha para diversos problemas em saúde mental na infância e no treinamento de pais (Fava, 2016b). Também vem conquistando maior espaço nos ambientes educacionais (Daolio, Elias & Neufeld, 2016; Fava, 2016a). Depois de entender um pouco sobre aspectos básicos da abordagem cognitivo-comportamental, podemos passar adiante e entrar nos assuntos específicos deste livro.

Capítulo 2

TEMPO DAS CRIANÇAS NAS ESCOLAS E PRÉ-ESCOLAS

Partindo da concepção prevista na Lei de Diretrizes e Bases número 9.394/96, artigo 29, a Educação Infantil é a primeira etapa da Educação Básica e tem como finalidade o desenvolvimento integral da criança de zero a cinco anos de idade. A integralidade da criança compreende seus aspectos físico, afetivo, intelectual, linguístico e social. Família, escola e comunidade se complementam nessa tarefa, e a educação básica ou pré-escolar acaba sendo um ambiente onde muitas crianças passam a maior parte do seu tempo. Diversas delas, além de frequentar o período regular, ainda passam o turno inverso em atividades extracurriculares, auxílio ao tema, e oficinas recreativas. Uma criança pode ficar até 12 horas em uma escola, como é o caso das instituições de educação infantil, onde os alunos podem iniciar seu período às 7h e sair às 19h. O motivo para que cada criança permaneça tanto tempo na escola pode variar consideravelmente de caso para caso. Muitas famílias têm empregos com horários rígidos e dependem exclusivamente da remuneração do emprego. Outras elegem prioridades como os pais terem liberdade e mais tempo livre para seus afazeres pessoais, incluindo ou não o trabalho.

Neste momento, alguns leitores podem estar pensando "*se tem tempo livre, por que não se organiza para ficar com a criança?"* Essa é uma questão bastante polêmica, principalmente porque envolve uma dinâmica delicada entre quantidade e qualidade de tempo. O fato de uma mãe ou pai decidir ficar com sua criança em tempo integral, não levando a mesma para a escola, não significa que esse adulto estará suprindo todas as necessidades para seu pleno desenvolvimento.

"No início da primeira infância, a criança só precisa de colo e amor"

A frase que costuma ser dita por uma parte dos médicos e dos pais, também é polêmica e controversa. Muitos estudos científicos mostram que crianças estimuladas socialmente e que recebem interações baseadas na disciplina positiva (veremos mais adiante), desenvolvem-se melhor em termos cognitivos, emocionais e comportamentais. Ser atendido a todo e qualquer choro, cama compartilhada, falta de limites, pouca interação social com outras crianças e permissividade, podem ser fatores que aumentam a chance de dificuldades comportamentais no futuro. Regra? Não. Maior chance.

Quando os pais decidem levar para a escola, principalmente em tempo integral, precisam estar cientes de que devem ser pais assertivos no pouco tempo em que convivem com seus filhos. Claro que passar tempo com os pais é o ideal, mas quando isso não é possível, é necessário que os pais tomem cuidado com alguns pontos:

- Compensar o tempo que não passam juntos com presentes, regalias ou evitando dizer não quando o não se faz necessário.

- Deixar a criança fazer tudo o que quer, sem limites, mesmo que por pouco tempo.
- Não desenvolver hábitos saudáveis como dormir na sua própria cama e respeitar regras e rotinas básicas para o seu bem-estar, tais como horário de sono, banho, alimentação.

Além disso, é comum os pais estarem muito cansados, tornando difícil ter momentos de interação familiar com brincadeiras. A hora lúdica deve ser implementada dentro da rotina familiar, proporcionando momentos ricos de afetividade e aprendizagem para a criança.

Capítulo 3

A IMPORTÂNCIA DOS PROFESSORES

Esta leitura discorre sobre o contexto escolar, por isso, focamos nossa discussão nas temáticas envolvendo a criança que vai para escola.

Durante a primeira infância, os vínculos mais importantes são providos inicialmente pela família e logo após, pela escola. A interação social positiva da criança com os adultos é um fator essencial para a adequada estimulação do bom desenvolvimento. Portanto, o modo como os adultos se relacionam e se aproximam das crianças contribui para que elas desenvolvam sua interpretação sobre os fatos e aprendam a controlar seu comportamento (Baumrind, 1996; Bronfenbrenner & Ceci, 1994).

Considerando que é alta a prevalência de problemas de saúde mental em escolares e que existe uma associação com métodos educativos e problemas de saúde mental, tornam-se necessárias as intervenções para reduzir as práticas educativas não adequadas e os problemas de saúde mental na infância (Vitola, Fleitlich-Bilykb, Goodmanc, & Bordina, 2005). Os problemas em saúde mental estão relacionados com dificuldades socioemocionais. As crianças que apresentam déficits nas habilidades socioemocionais podem apresentar dificuldades psicológicas, emocionais, cognitivas e comportamentais.

O desenvolvimento socioemocional

O desenvolvimento cognitivo e o social das crianças estão fortemente associados e aprender a se vincular emocionalmente a familiares e cuidadores, aprender a distinguir o certo do errado, começar a desenvolver autocontrole e a respeitar regras e autoridades. A interação com os adultos é ponto central nessas aprendizagens. Qualquer pessoa pode traçar algo significante na personalidade de uma criança, seja adulto ou até mesmo outra criança. Dessa forma, os professores pré-escolares podem contribuir para uma forma de pensar, sentir e agir saudável, como também podem influenciar na formação de problemas emocionais, comportamentais e até mesmo transtornos psiquiátricos (Bolsoni-Silva, Marturano, Pereira, & Manfrinato, 2006).

As habilidades socioemocionais são aquelas que possibilitam que a criança estabeleça relacionamentos saudáveis e permitem à criança lidar bem com o estresse, com os impulsos, e com as emoções ruins.

Habilidades Socioemocionais

- Seguir orientações
- Respeitar regras
- Reconhecer e expressar emoções
- Gerenciar sentimentos

→ Ajudam a formar um padrão de interpretação dos eventos mais saudável e protege a criança de problemas maiores.

Habilidades Socioemocionais

- Estabilizar os relacionamentos interpessoais
- Resolver conflitos sociais
- Cooperar com os pares e adultos
- Motivar para alcançar objetivos
- Ser empático
- Tolerar frustrações
- Postergar gratificações
- Persistir em atividades que exijam certo nível de dificuldade
- Participar adequadamente em grupo, Manejar emoções negativas de forma funcional

→ Ajudam a formar um padrão de interpretação dos eventos mais saudável e protege a criança de problemas maiores.

Por passarem boa parte do seu tempo nas escolas, as crianças estabelecem a maior parte das relações ali. Como as escolas são importantes formadoras do desenvolvimento cognitivo, emocional, comportamental e social das crianças, é fundamental que os adultos desse contexto promovam boas práticas disciplinares com seus alunos, estimulando um bom desenvolvimento socioemocional. Mais adiante nesta obra, intervenções que estimulem o bom desenvolvimento socioemocional também serão abordados.

Estilos de interação entre professor e aluno

O estilo de interação entre um adulto para com uma criança envolve alguns pilares: **responsividade**, **exigência** e **demonstração de afeto**. Baseado nos conceitos apresentados por Baurind (1996), o texto a seguir discorre sobre esse assunto com maior profundidade.

A **responsividade** se refere ao grau de capacidade do adulto de dar suporte e ter atitudes compreensivas. Compreende alguns conceitos descritos a seguir.

1. **Apoio emocional**: toda criança precisa ter suas emoções validadas pelos adultos. Mesmo que estejam irritadas ou frustradas por algo não necessário. Mesmo que o adulto precise disciplinar uma criança que está apresentando uma atitude de birra, levantando o tom de voz e dando um comando firme, é importante que a criança se sinta compreendida em seus sentimentos. Esses simples gestos de nomear a emoção da criança a ajuda a se sentir compreendida e é um importante passo inicial para

a identificação de emoções e auto monitoramento. Exemplo: "eu entendo que você esteja bravo, mas agora é hora de guardar os brinquedos."

2 **A bi-direcionalidade na comunicação:** busca favorecer o desenvolvimento da autonomia dos pequenos. Consiste em ouvir a criança quando desejar se comunicar, olhar atentamente em seus olhos valorizando a sua fala, estar ao seu nível para comunicar ordens e em conversas e demonstrar interesse pelo seu discurso.

3 **Conhecimento sobre desenvolvimento infantil:** permite que o professor tenha expectativas realísticas sobre o comportamento e o desempenho da criança em diferentes idades e áreas, tais como motora, física, cognitiva, social e emocional. Ter esse conhecimento auxilia os professores a saber o que é possível de ser exigido. Como, por exemplo, saber o nível das atividades a serem propostas, as brincadeiras adequadas à turma, a quantidade de tempo dispensada para uma única atividade, etc. O capítulo a seguir aborda informações sobre o desenvolvimento infantil normal.

4 **Interação e comunicação:** a qualidade da interação professor-aluno pode afetar positiva ou negativamente as capacidades de aprendizado do conteúdo curricular na pré-escola. Quanto maior o respeito e carinho pelo professor, mais a criança estará disposta a aprender e a seguir as regras escolares (Brady & Woolfson, 2008). Além disso, professores altamente responsivos usam de comunicação aberta e direta. Exibem um discurso coerente com a situação e

passam mensagens de forma firme e gentil, dando explicações e justificativas curtas e apropriadas para a idade de cada criança, fugindo de padrões coercitivos e autoritários. As crianças são mais bem socializadas quando interagem com adultos com estilo de comunicação assertivo, pois esse estilo indica que a criança é considerada competente e merecedora de escolhas e de respeito (Baumrind, 1996).

O segundo pilar é a **exigência**, que se baseia na capacidade que o adulto tem de impor limites e expectativas, supervisionar, orientar e monitorar a criança, e nos tipos de estratégias de disciplina que ele vai usar para confrontar seu aluno em um momento difícil. Quando combinam práticas de observação com técnicas de disciplina positiva, os professores podem prever maus comportamentos e evitar situações críticas ou de difícil resolução entre alunos. Mais adiante estão descritas as estratégias de disciplina.

O terceiro pilar é a **demonstração de afeto**. Consiste na expressão emocional de apreço e de amor. Cada professor vai demonstrar carinho da sua forma individual e particular. Alguns se utilizam mais do toque e do abraço, outros dos elogios e da atenção positiva. O afeto é considerado um interesse genuíno no bem-estar da criança (Belsky, Sligo, Jaffee, Woodward & Silva, 2005).

A figura a seguir oferece uma ilustração sobre os estilos de interação entre um adulto e uma criança, considerando os pilares descritos anteriormente. Os professores que conseguem unir um alto nível de responsividade a um alto nível de exigência e de demonstração de carinho são mais assertivos e competentes em suas práticas com as crianças.

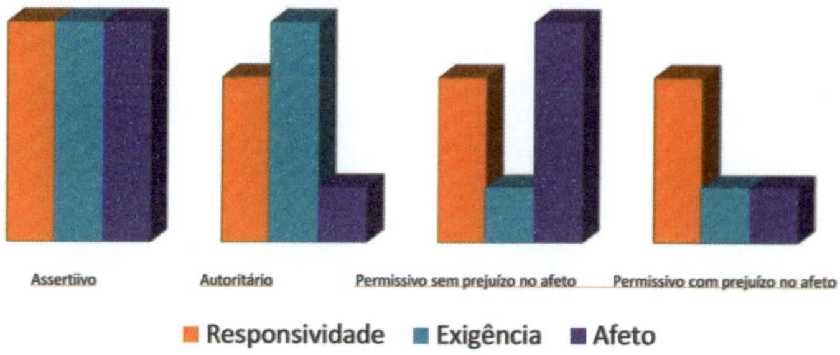

A forma de aproximação de um adulto com uma criança pode gerar ou aumentar os problemas apresentados pelas crianças. Os adultos podem ser considerados *assertivos*, *autoritários* e *permissivos*. Adultos com alto nível de exigência e baixa responsividade são considerados autoritários. Esse estilo de comunicação acaba por ajudar as crianças a constituírem baixa autoestima, autocontrole insuficiente, e leva a maior chance de a criança apresentar agressividade e abusividade, pois poderá repetir o mesmo padrão do adulto. Já o estilo de comunicação assertivo, caracteriza-se por alta responsividade e alta exigência. Esse estilo ajuda a criança a constituir autocontrole e autoestima saudável. Ainda é um importante promotor de desenvolvimento de empatia e de valores pessoais e senso de responsabilidade. Os estilos permissivos também são vilões em termos de práticas educativas. A permissividade confere um nível de exigência muito baixo no adulto, o que pode induzir as crianças a formarem baixo controle de impulsos e baixo senso de responsabilidade, intolerância a frustrações, dificuldades com autoestima, déficits em funções executivas, tais como planejamento, tomada de decisão, foco, organização, flexibilização e operacionalização de tarefas diárias.

Existem tipos diferentes de permissividade, apresentando diferentes razões para o padrão de interação disfuncional.

a) Aquele em que os adultos tentam estabelecer limites, mas falham devido a dificuldades pessoais. Aqui estão os adultos que em função de distorções cognitivas bastante inflexíveis, podem sentir culpa ao desaprovar os comportamentos de uma criança, apresentar alto nível de ansiedade, padrões de dependência emocional ou medo da crítica ou da desaprovação de seus alunos e/ou colegas de trabalho.

b) Aquele em que os adultos não se preocupam com as necessidades da criança e não estabelecem limites, principalmente porque falham imensamente na demonstração de afeto, não se importando se determinado comportamento da criança é saudável ou não para o seu desenvolvimento.

c) Aquele no qual os adultos consideram que as crianças são totalmente livres para fazer todas as suas escolhas e que, mesmo com nível de demonstração de afeto alto, não se prendem a limitar as crianças, porque consideram que oferecer limites seria tolher a criança da sua liberdade.

Inicialmente, esses estilos foram descritos para ilustrar os estilos parentais. Isto é, a maneira como os pais interagem com os filhos. No entanto, apesar do nome "parentais" de origem, os estilos de interação valem para qualquer relacionamento, seja ela dentro do contexto familiar ou educacional. Ao se pensar sobre os estilos de interação, o objetivo é conscientizar o adulto sobre sua forma de interação e focar na preparação de um contexto de interrelação que proporcione às crianças a oportunidade de aprender habilidades para o bom desenvolvimento socioemocional.

PARA REFLETIR

1. Com qual estilo eu mais me identifico?
2. Quais são as minhas principais características que me levam a pensar isso?
3. Como eu me sinto sabendo que esse é meu estilo de interação com meus alunos?
4. Quais as características que estou disposto a mudar para me considerar cada vez mais próximo ao estilo assertivo?
5. Com quem posso contar como um modelo de estilo assertivo, em caso de eu precisar mudar minhas características disfuncionais?

Considerando que os professores têm grande influência no comportamento dos seus alunos, revela-se que bons relacionamentos são essenciais para um ensino eficaz, tanto de conteúdo curricular e projetos pedagógicos, quanto ensino de habilidades para a vida. A interação saudável entre aluno e professor, assim como entre filhos e pais, é o alicerce para o bom desenvolvimento social, emocional e comportamental de crianças. Além disso, é um fator de proteção ao estresse que pode acometer o professor. É fundamental que os educadores da primeira infância invistam em **conhecimento sobre as crianças e sobre a observação ativa das mesmas** (nos próximos capítulos abordaremos esses assuntos), pois o tempo investido para a construção de uma interação segura é provavelmente menor do que o tempo necessário para remediar os problemas provenientes das relações não positivas entre professor e aluno (Fava, 2014).

Capítulo 4

CONSIDERAÇÕES SOBRE O DESENVOLVIMENTO INFANTIL

Falar de problemas de comportamento só faz sentido se soubermos exatamente o que não é um problema. E a primeira infância é o período desenvolvimental mais crítico, pois em pouco tempo muitas mudanças ocorrem e, por consequência, as formas de lidar com cada diferente comportamento também devem ir se adequando. Saber sobre o desenvolvimento infantil permite ao professor estabelecer expectativas realistas sobre cada aluno em diferentes idades.

Ainda muito bebês, elas já podem manifestar emoção e bem-estar através do sorriso. Até os seis primeiros meses, as crianças podem antecipar o que vai acontecer e inclusive decepcionam-se quando algo esperado não acontece. Antes do primeiro ano, os bebês podem testar seus pares e cuidadores para saber qual a reação do comportamento deles nos demais a sua volta. A partir de 1 ano de idade as crianças exploram mais o ambiente e buscam autoafirmações.

Até os 3 anos, as crianças formam o apego com seus pais e com os demais cuidadores. Também desenvolvem a autoconsciência, alternam de um padrão mais dependente para um padrão que busca certa autonomia e o interesse pelas outras crianças aumenta gradativamente. Dos 3 aos 6 anos de idade, as crianças têm conquistas mais complexas, como a independência para diversas situações, têm mais iniciativa e maior autocontrole. Aumenta a compreensão sobre as emoções, o desenvolvimento do autoconceito (que envolve vários fatores, incluindo o social), o brincar se torna mais sociabilizado e os pares têm maior importância na vida da criança. O altruísmo aumenta, mas também as agressões podem aumentar.

O que é apego?

Apego é o termo usado para o vínculo emocional recíproco e duradouro entre um bebê e seu cuidador, em que ambos contribuem para a qualidade desse relacionamento. O apego envolve o senso de confiança, como, por exemplo, chorar ao primeiro sinal de fome e ser atendido. Na escola, o apego com o professor aparece, por exemplo, no processo que envolve a saída e o ressurgimento do professor na sala de aula. A teoria do desenvolvimento psicossocial de Erikson (1950), traz como tema a confiança *versus* desconfiança na primeira fase do desenvolvimento que vai desde o nascimento até aproximadamente 1 ano e meio de idade. Ao mesmo tempo que é importante a criança confiar nas pessoas para criar esperança, também é necessário que desenvolva um nível adequado de desconfiança que terá um caráter protetivo ao perigo.

DICA

Professores de berçário precisam estar atentos aos sinais de desconforto e choro dos bebês. Bebês precisam ser supridos em suas necessidades e a única forma de comunicação por muito tempo é o choro.

Neste momento, muitos leitores podem estar questionando-se sobre ficar mimada recebendo atenção dessa forma. É claro que crianças precisam de atenção e necessitam ser atendidas. Isso faz com que elas se sintam seguras e vinculadas acima de tudo. Precisamos diferenciar, por exemplo, o choro de desconforto das crianças de 2 anos que não aprenderam ainda que na rodinha o livro passa de mão em mão, e ela precisa aguardar a sua vez. Nesse caso, quando a criança chora, ela não deve ser atendida recebendo o livro antes que seja sua hora, mas o professor deve lhe dar atenção no sentido de relembrá-lo sobre a regra e ajudá-lo a compreender de maneira afetiva e apoiadora.

O que é temperamento?

Na primeira infância os traços de temperamento estão bastante evidentes e precisam ser manejados com cuidado. O temperamento é a parte biológica da personalidade e é responsável, em parte, pela maneira como as crianças respondem ao ambiente. O quadro abaixo, adaptado de Fava (2014), ilustra diferentes tipos de temperamento conforme Thomas, Chess e Birch (1970). Estão classificados em **fácil**, **que requer cuidado** e **difícil**.

Temperamento	Características das crianças
Fácil	Costumam ser mais bem-humoradas, adaptam-se facilmente as diferentes situações, enfrentam desafios novos de forma positiva e expressam emoções mais tranquilamente.
Que Requer Cuidado	Expressam emoções de forma menos suave, podem resistir e levar mais tempo para se adaptarem a novas situações e pessoas, exigindo mais intervenções dos adultos.
Difícil	Costumam expressar emoções de forma intensa, demoram a se adaptar a novas situações, podem ser teimosas e persistentes quando contrariados, exigindo muita intervenção dos adultos.

O temperamento pode ser moldado à medida que a criança vai interagindo com o meio e testando novas formas de reagir frente a diferentes situações ou pessoas. Um aluno com temperamento difícil pode ser mais explosivo nas suas reações. Ao ir relacionando-se com um professor que o ajude a reagir de forma menos agressiva ou raivosa, pode diminuir consideravelmente essa sua característica explosiva. Essas aprendizagens ao longo da vida são consideradas a parte aprendida da personalidade e, portanto, podem influenciar o temperamento.

Outro exemplo de temperamento está nas crianças que, desde bebês, demonstram mais medo ou ansiedade frente à novidade. Exigem bastante dos professores e podem aumentar ou diminuir essa característica. Crianças avessas a interações ou extremamente tímidas e receosas também podem aprender a se tornarem mais sociáveis a medida que vão vivenciado interações positivas com adultos e demais crianças. Por isso, expressões como "saiu como o pai, não tem jeito" ou "é igualzinha à mãe, não tem o que fazer" são frequentemente infundadas. Não se sabe ao certo quanto é possível modificar, mas sabe-se que é na primeira infância a etapa do desenvolvimento em que isso se torna mais possível.

Dos 0 aos 2 anos ➲ mais fácil a modificação

Dos 2 aos 6 ➲ relativamente fácil a modificação

Acima dos 6 anos ➲ menos fácil a modificação

Crianças pequenas são abertas a aprendizagens e ainda não consolidaram traços de personalidade arraigados tanto quanto pessoas de meia idade, por exemplo. Na entrada da vida escolar, próximo aos 7 anos, as crianças já têm mais tempo de vida, de aprendizagens e, por consequência, maior consolidação daquilo que foi aprendido. Em suma, quanto mais cedo se intervier para que crianças tenham um padrão de interação saudável, mais fácil isso se torna e maior é a chance de sucesso.

Capítulo 5

A OBSERVAÇÃO ATIVA

Observar o ambiente e as relações que nele de desenrolam é uma prática essencial para educadores. É por meio do comportamento que as crianças se comunicam, demonstram resistência a algo, revelam as suas necessidades especiais, dão pistas sobre seu comportamento desafiante e expressam sentimentos e sinais de estresse ou maus-tratos (Marion, 2007; Milot, Éthier, St-Laurent, & Provost, 2010).

DICA

A utilização de cadernos de anotações (anedotários) pode ser um eficaz instrumento para relatar os comportamentos que mais chamam atenção em cada criança. As anotações frequentes sobre esse tema proporcionam um acompanhamento mais fidedigno à realidade e auxilia o educador a fazer relações entre os acontecimentos (situações-problemas), para que possa lançar mão da melhor estratégia de intervenção.

É no contexto das relações que as crianças desenvolvem autoconceito positivo e confiança, que ajudam a reduzir a ocorrência de um comportamento desafiador (Fava, 2014).

No entanto, antes de poder modificar comportamentos, é necessário que o professor seja um observador ativo do seu aluno e das relações que se estabelecem com ele. Assim, a observação ativa consiste em identificar o problema observado de forma completa. Isso inclui os fatores que originaram aquele comportamento problema e também os fatores que levam à recorrência do comportamento problema. Esse processo é baseado nos conceitos da modelagem (Skinner, 1975) e da análise funcional do comportamento e visa a aumentar a efetividade do plano de modificação do comportamento disfuncional (Sugai *et al.*, 2000).

A observação ativa ajuda o professor a evitar julgamentos pobres a respeito de alguma situação. Considere a seguinte: uma escola está bastante desmotivada, pois não sabe mais o que fazer com um aluno com deficiência intelectual. Esse aluno de 10 anos de idade, apesar de muito carinhoso com os colegas, apresenta dificuldades no relacionamento, pois diversas vezes acaba por bater ou empurrar os colegas. Os professores e monitores do período do recreio conversam com o menino toda vez que ele emite um mau comportamento, mas não parece surtir efeito. Os professores relatam que não sabem mais o que fazer, pois referem que "do nada" o menino tem uma conduta agressiva.

Se utilizarmos a observação ativa nas situações com esse menino, podemos entender o processo de forma diferente, ao passo que proporcionará mais chance de modificação. Veja:

O aluno está lanchando no intervalo recreativo, sentado ao lado de uma colega. Oferece dividir seu lanche e troca sorrisos com essa colega. A colega se afasta, pois é chamada pelas meninas para uma brincadeira. Sozinho, o aluno finaliza seu lanche e vai até um grupo de meninos da sua idade que estão brincando de "pega-pega". O menino entra na brincadeira, corre por pouco mais de um minuto. No momento em que é "pegado" o menino deve ser o pegador. O aluno, que é lento em razão de sua obesidade e dificuldade de coordenação motora, começa a correr para pegar os seus colegas. Os colegas se desmotivam por saberem que nunca serão pegos por ele devido às suas dificuldades. Os meninos param de se mexer. O aluno em questão pede que corram, para que ele possa continuar brincando. Os meninos não lhe dão ouvidos. Tudo isso em questão de poucos segundos. O próximo comportamento emitido pelo aluno **é empurrar e puxar os cabelos dos meninos que pararam de correr**.

Se os professores considerarem que o comportamento é tão impulsivo a ponto de ser considerado vindo "do nada", fica bastante difícil possibilitar a modificação do mesmo, pois ele seria completamente imprevisível. Após a observação ativa, foi possível identificar que o fator gerador do comportamento disfuncional foi o fato de os meninos pararem de brincar na hora em que o aluno seria o "pegador". O menino, frustrado em sua expectativa, respondeu ao ambiente de forma agressiva.

Portanto, a conversa com o menino, explicando que o que ele fez (bater e puxar cabelos) é errado, não surte efeito, pois é incompleta à situação. Se formos analisar os aspectos emocionais para esse menino, é possível que essa conversa seja mais uma vez uma crítica às suas habilidades sociais, aumentando a sua dificuldade com a autoestima e auto eficácia social. Para uma estratégia mais funcional por parte da equipe, a partir da observação, pode-se intervir na prevenção da ocorrência desse comportamento, à medida que o professor ou monitor possa sinalizar ao grupo a ocorrência de um fator originador e ensinar estratégias mais positivas que evitem a ocorrência do mau comportamento. Isso aumenta a chance de todos os comportamentos serem elogiados promovendo a maior frequência dos mesmos.

PRATIQUE

Defina o comportamento-problema.

Descreva os antecedentes e preditores do mesmo.

Descreva como foi o manejo utilizado na tentativa de modificar o comportamento.

Qual foi a consequência desse processo?

Essa consequência ajuda para que esse comportamento volte a acontecer?

Capítulo 6

ENCORAJANDO O BOM COMPORTAMENTO

Mesmo que a regra já tenha sido explicada muitas vezes, as crianças devem ouvir constantemente quais são as normas e o que é esperado das mesmas. Para suprir essa necessidade, os educadores da infância podem utilizar pistas visuais que sinalizam o comportamento esperado, além de outras maneiras descritas a seguir (Benedict, Horner, & Squires, 2007; Marion, 2007).

DICA 1: Crie pequenos cartazes com seus alunos. Dedicar um tempo do dia para fazer combinações, conversar com a turma sobre cada uma delas usando exemplos que já tenham acontecido com aquelas crianças e ilustrar essas regras com gravuras ou desenhos, auxilia as crianças a entenderem sobre regras sociais e estimular maior senso de responsabilidade e comportamento pró-social.

Exemplos de regras para cartazes encorajadores do bom comportamento
Na rodinha, falar apenas quando o colega já tiver terminado de falar.
Utilizar brinquedos que estejam livres (não sendo usados por amigos).
Na fila, andar com um braço de distância do colega à frente.

Mesmo com os cartazes à vista da turminha, o educador deve alertá-las. Por exemplo: apontando para o cartaz, a professora pode lembrá-los "*amigos, agora está na hora de irmos jantar, portanto, como deve ser a fila? Isso mesmo, com um bracinho de distância para andarmos em segurança. Muito bem!* "

DICA 2: Entre uma tarefa e outra, como, por exemplo, entre o brinquedo livre e a higiene para o lanche, é importante **sinalizar essas transições.** Os professores que fornecem um aviso indicando que a atividade vai acabar em breve ajudam a criança a planejar o término de sua atividade. Com isso, ajudam também a diminuir a chance de frustrações.

"Está chegando a hora de guardar os brinquedos na prateleira para fazermos a fila para a higiene"

DICA 3: Declarar o comportamento esperado, mesmo que nenhum conflito ou problema esteja acontecendo, pode ser uma útil maneira de lembrar as crianças e reforçá-las. Crianças brincam no pátio livremente e a professora verbaliza "*muito bom ver a turma brincando educadamente*", "*isso mesmo pessoal, subindo pelas escadas e descendo pelo tubo, parabéns por cuidarem uns dos outros*".

DICA 4: Quando algum aluno da turma tem maior dificuldade em manter uma conduta agradável e harmoniosa, é preciso dar mais **apoio e incentivo ao bom comportamento**. Por isso, condutas empáticas e afetivas, como um recado sussurrado no ouvido do aluno, podem ser extremamente eficazes e encorajadoras "*lembra da nossa conversa sobre cuidar dos amigos? Tenho certeza de que você consegue, estamos juntos*!"

DICA 5: sempre que possível, dedique-se a **tornar público o esforço ou êxito** de alguma criança em atingir algum objetivo. Por exemplo, Antônio é um menino que geralmente tem se comportado mal na hora do refeitório, atrapalhando o bem-estar dos seus colegas e deixando de se concentrar em sua alimentação. No entanto, ele conseguiu comportar-se bem com os amigos no dia de hoje. Por isso, ao voltar para a sala, o educador pede um minuto da atenção de todos os amigos para fazer um elogio público: *"Crianças, vocês estão de parabéns pelo lindo momento que tivemos no jantar. Em especial, vamos bater palmas ao nosso amigo Antônio que hoje comeu toda a sua comida e ajudou o Miguel alcançando o seu copo"*.

DICA 6: Faça **elogios específicos e imediatos**. As crianças que são reforçadas imediatamente após o comportamento emitido podem consolidar mais facilmente a aprendizagem e evita-se que comportamentos inadequados aconteçam na sequência. "Laura, você foi ótima em dividir suas peças com a Júlia".

DICA 7: Use mais **afirmações positivas** do que negativas. Quando os educadores se percebem dizendo muitos "nãos" para uma mesma criança, é importante refletir: essa criança sabe o que deve fazer? Crianças que estão ouvindo muitos comandos negativos não estão focadas em realizar comportamentos esperados. Ao invés de dizer "não suba na mesa de atividades", é recomendado dar preferência a comandos positivos ou perguntas como "você prefere sentar na cadeira ou na almofada do chão?", ou ainda, "você pode sentar nessa almofada fofa, é muito confortável!"

Professores, por serem adultos de referência para seus alunos, devem ajudá-los a se comportarem bem. Crianças que emitem bons comportamentos, tendem a apresentar um bom nível de autoestima, favorecendo o reforço e auxiliando na compreensão e reconhecimento de suas conquistas e seus esforços em atingir resultados.

DICA 8: Observe o ambiente e "limpe" estímulos que não sejam necessários, tais como ruídos, outros brinquedos e materiais ou instrumentos alheios à tarefa. Crianças pequenas estão desenvolvendo habilidades novas todos os dias. É importante que tenham, nesses momentos, ambientes propícios para manterem atenção e concentração suficientes para a aprendizagem. Caso algum aluno tenha maior dificuldade em manter o foco no que é proposto, o educador pode lançar mão de mais uma estratégia: dar uma função ou uma utilidade para aquele aluno dentro do contexto da atividade proposta. Por exemplo, Rafael está na roda de leitura, mas frequentemente mexe no tatame movendo as partes de encaixar. Esse comportamento do Rafa distrai outros alunos e pode atrapalhar o andamento da roda de história. Por isso, antes de pensar em desaprová-lo, é preferível tornar o menino um ajudante da professora, segurando o livro e mostrando as gravuras aos colegas. Isso inibe o comportamento que não estava de acordo com o proposto e aumenta as chances de reforçamento.

O *design* da sala de aula infantil.

A forma como a sala de aula está organizada é um aspecto que pode auxiliar ou prejudicar no dia a dia com crianças (Curtis & Carter, 2003). Nas salas de pré-escolas, as crianças ainda precisam desenvolver muitos hábitos e habilidades, desde alimentar-se e escovar os dentes até dividir os brinquedos e seguir atividades dirigidas. Algumas escolas têm um ambiente para cada atividade como sala de leitura, refeitório, sala de recreação, pias para higiene em local separado, etc. Dessa forma, é possível conduzir as turmas com mais facilidade no que se refere ao que é esperado em cada atividade ou situação. No entanto, alguma escola com menos recursos precisa organizar quase todas as atividades na mesma sala.

Existe um número máximo previsto de crianças por sala e de crianças por adulto. Cumprir com essas orientações diminui a probabilidade de comportamentos desafiadores acontecerem.

ATENÇÃO

Apesar de algumas alterações efetuadas e tentativas de alteração na lei maior da educação (LDB 9394/96), a recomendação do MEC sobre a **quantidade de crianças por turma na educação infantil** é o que apresenta a seguinte proporção:

Número de crianças por professor	Idade das crianças
6 a 8	até 1 ano
15	de 2 a 3 anos
20	de 4 a 5 anos

A proporção pode variar de acordo com a regulamentação do órgão normativo do sistema de ensino (municipal ou estadual). No que diz respeito a outros profissionais de educação como os auxiliares, não há uma pré definição de quantos são recomendados além do professor, ficando a critério da instituição.

As crianças que completam 6 anos após 31 de março do ano da matrícula devem ingressar na pré-escola.

Fonte: https://undime.org.br/noticia/17-02-2016-11-44-undime-solicita-ao-mec-orientacoes-para-organizacao-da-educacao-infantil-nas-redes-de-ensino-em-2016

Foi descrito anteriormente sobre cartazes e pistas visuais que ilustrem regras de comportamento. Da mesma forma, cartazes podem ser utilizados para lembrar sobre o uso de cada espaço e a ordem do programa do dia. Por isso, organizar um quadro com o cronograma diário e afixar em lugar visível para todas as crianças ajuda a produzir maior independência e organização. Rodinha, hábitos de higiene, deslocamentos dentro da escola, uso dos brinquedos livres, momento das atividades dirigidas, etc. podem ser ilustrados nesses cartazes.

Especificamente sobre a distribuição da sala de aula, o seu *design* é um importante fator na prevenção de maus comportamentos. Salas muito amontoadas com brinquedos, cadeiras, ou muito espaço livre sem direcionamento podem ser layouts de bagunça e conflitos. Uma sala de aula ideal pode compreender os seguintes espaços:

1 **Centro de aprendizagem: grupos pequenos ➲** crianças pequenas precisam de espaço para brincar e realizar atividades. No entanto, se esse espaço estiver com muitas crianças, pode aumentar o número de distratores e conflitos, baixando o rendimento e chance de aprendizagem. Divida as áreas de atividade dirigida e brinquedos por tema, tipo, ou nível de dificuldade. Tenha mesas para até 4 crianças dividirem a mesma atividade ou jogo.

2 **Centro de aprendizagem: individual ➲** por mais que o grupo favoreça aprendizagem, crianças necessitam de atividades para serem executadas individualmente. Elas testam seus conhecimentos e habilidades importantes que exijam concentração. Por isso, é importante que sejam delimitados espaços com tarefas e brinquedos para serem usufruídos por apenas uma criança por vez. Para isso, utilize almofadas, tapetes ou classes que possam definir esses espaços.

3 **Área para grupo grande ➲** é fundamental que exista um espaço grande o suficiente para acomodar todas as crianças em uma única atividade, como a contação de história ou momento de rodinha, por exemplo. Esse espaço deve ser neutro e livre de interferências como cadeiras extras, brinquedos soltos ou outros que possam tirar o interesse da criança daquilo que é o foco no momento.

4 **Espaço privado ➲** Muitos alunos estão na escola em tempo integral. Por mais que tenham um momento coletivo de sono (geralmente após o almoço), eles ainda podem precisar de momentos a sós. Crianças

podem ter acesso a um espaço privado no qual possam descansar, ficar em silêncio ou mesmo levar um livrinho por alguns minutos. Esse espaço privado pode ser um ou dois na sala, e deve ser compartilhado entre as crianças por intermédio do professor que poderá controlar o tempo e o interesse dos demais.

Capítulo 7

MODIFICAÇÃO DO COMPORTAMENTO DISFUNCIONAL

Sabendo que as técnicas e dicas para prevenção do mau comportamento devem ser sempre aplicadas, ainda assim, alguns comportamentos podem persistir. Para a modificação de comportamento e o estabelecimento da disciplina, é necessário entender alguns conceitos da modelagem: reforço, extinção e punição.

Disciplina é parte do processo de socialização. Por meio da disciplina é que a criança aprende sobre valores morais e sociais e poderá se considerar adaptada ao seu meio. A disciplina negativa está relacionada com o estilo autoritário e pode gerar danos psicológicos e físicos às crianças. Já a disciplina positiva está relacionada ao estilo assertivo, e envolve práticas que ajudam a criança a se desenvolver saudavelmente.

O **reforço positivo** é uma técnica comportamental que tem como objetivo aumentar a frequência de comportamentos desejáveis. Ou seja, se é visado que os bons comportamentos sigam acontecendo, é necessário que eles sejam reforçados. Reforçar positivamente consiste em inserir um estímulo, como um elogio, um toque no ombro, um carinho, ou um prêmio, como uma regalia ou o desfrute de uma atividade especial. Reforçar é a principal forma de melhorar o padrão de comportamento de uma criança. Nenhuma técnica de punição, extinção ou qualquer outro manejo visando à disciplina terá sucesso se não for associada ao reforço. Crianças precisam ser reforçadas, pois acreditar que ser obediente e respeitoso é uma simples obrigação de todas elas, não as motiva para seguir nesse padrão.

A **extinção** é uma estratégia que procura diminuir a frequência ou intensidade de comportamentos indesejáveis por meio da ausência de atenção dirigida àquele comportamento. Pode ser utilizada para comportamentos de birra, deboches, provocações simples, por exemplo. A extinção deve sempre ser informada quando o adulto lançar mão dessa estratégia. Dizer "*O seu comportamento de repetir a minha fala não é legal e eu não vou te dar atenção*". Posteriormente, evita-se contato ocular, e o professor deve ficar o mais afastado possível do aluno até que o comportamento cesse. Se nesse momento, o professor suspirar, comentar, fazer qualquer tipo de deboche ou ironia, a tendência é que o aluno continue a emitir o comportamento ruim. Por isso, essa técnica envolve bastante esforço por parte do adulto e, principalmente, paciência, pois ele não poderá emitir qualquer comportamento ou expressão fácil enquanto o comportamento disfuncional estiver acontecendo. Manter a neutralidade é essencial. Quando o mau comportamento cessar, o professor poderá voltar a atenção normalmente para aquele aluno.

Dicas para empregar cuidadosamente a extinção

1. Dar um aviso claro de que o comportamento está errado e orientar brevemente para o que é esperado.
2. Se o comportamento persistir, dar o segundo aviso e notificar que a criança será ignorada, caso persista.
3. Não expressar emoção negativa e evitar o contato ocular. Caso contrário, o aluno terá conseguido a atenção do professor.
4. Assim que o mau comportamento cessar, o professor deve voltar a atenção para o aluno normalmente e reforçar imediatamente, assim que o primeiro bom comportamento for emitido.

A **punição** visa à diminuir a frequência de comportamentos indesejáveis. Pode envolver a associação de algo como xingamento ou castigo (punição positiva) ou a privação/ retirada de um brinquedo legal ou de uma atividade que seja significativa para o aluno (punição negativa). A punição é mais utilizada para comportamos agressivos, que causem dano ao aluno ou aos colegas, professores e também o patrimônio da escola (móveis e materiais, por exemplo). Baseados nos princípios da punição, podemos destacar algumas variações que podem ser aplicadas nos ambientes de sala de aula de pré-escolas: desaprovação, consequência lógica, penalidade, e *time out*.

IMPORTANTE

O que está sendo punido é o comportamento emitido pela criança. Por isso, evite verbalizações comparativas, depreciativas ou rotuladoras.

“Jogar a folha no chão está fora do combinado” ➲ “~~Que feio, seus colegas estão bonitos fazendo a atividade”~~

“Jogar o brinquedo machucou seu colega” ➲ ~~Você sempre machuca seus colegas~~”

“Mantenha seu lugar, pois não devemos furar a fila” ➲ “~~Pare de trapacear seus colega, isso é feio~~”

A **Desaprovação** é a mais simples delas. Consiste em sinalizar para a criança quando o adulto desaprova o seu comportamento. Por exemplo: “*Miguel, riscar no trabalho do seu amigo não é legal*”.

A **Consequência Lógica** é a punição que implica uma perda de algo relacionado com o comportamento em questão. Exemplos:

- Miguel persiste no comportamento de riscar no trabalho do seu colega. A professora retira os lápis de cor que estavam disponíveis a ele.
- Laura persiste em empurrar com sua boneca a construção dos blocos de montagem que Ana está construindo. A professora retira a boneca de Laura.

A consequência lógica é facilmente aplicada na pré-escola. Portanto, a criança deve ser avisada sobre qual comportamento lhe é esperado, com um simples comando: "*Laura, brinque com seus brinquedos respeitando a brincadeira dos colegas*".

A **Penalidade** é a consequência que não está diretamente associada com o comportamento disfuncional. Pode ser usada para controlar os comportamentos mais agressivos ou mais resistentes aos tipos anteriores de punição. Exemplo:

- Miguel está descendo as escadas da escola para ir ao refeitório lanchar. No caminho, empurra propositalmente sua colega. A professora lhe pune dizendo "*ficará sem o pátio após o lanche*". O pátio não está associado com o comportamento, mas seria, para o menino, a perda mais significativa naquele momento.

O ***Time Out*** é uma técnica para punir o mau comportamento. Exemplos de maus-comportamentos que podem receber essa técnica como um manejo adequado são as condutas agressivas, quando a criança está em um certo nível de agitação, em que ficar afastada do grupo pode protegê-la e proteger os demais. O primeiro passo consiste em explicar à turma que se alguém tiver algum comportamento agitado que possa prejudicar a turma, será levado ao *time out*, até que sua agitação acalme e ele possa voltar ao grupo. Após o aviso de que o aluno será submetido ao *time out*, caso continuar com o mau comportamento, ele é levado a uma cadeira, almofada, ou tapete para que passe alguns minutos privada de qualquer tarefa agradável. O local deve ser o mais neutro possível (Clark, 2009). Nas escolas, algum canto da sala, ou próximo à porta pode ser um local propício para o *time out*, que deve durar apenas alguns minutos (aproximadamente de três a cinco minutos é o suficiente para crianças da primeira infância. Essa técnica gera inúmeras críticas e a eficácia do seu uso tem sido contestada por profissionais e também por leigos nas redes sociais.

Alguns fatores dificultam o sucesso da técnica. Frequentemente, crianças se recusam a ficar sentadas e os professores necessitam colocá-las novamente quantas vezes forem necessárias. No entanto, essas intervenções devem ser feitas com calma, neutralidade e sem perder o controle. Outro fator complicativo é que se, por ventura, o educador se sentir cansado ou desmotivado para a aplicação da técnica, devido às resistências do aluno em ficar parado, a tendência é que os professores cedam às tentativas da criança em não ficar no tempo chato. Dessa forma, as birras e manhas da criança são reforçados acidentalmente e ficará mais difícil conseguir da próxima vez que se tentar a mesma estratégia.

O *Time Out* é uma estratégia polêmica, pois é facilmente empregada de forma errada. A criança, quando vai para o *Time Out*, deve saber que o mesmo já estava previsto para determinada situação e deve saber que ela não está sendo abandonada ou excluída.

Atenção!

- Não permaneça ao lado da criança ou sentada junto à mesma durante o período do *Time Out*. Isso poderia aumentar a chance de que o aluno repita maus comportamentos.
- Lembre-se de manter a neutralidade para que a criança entenda que você não está com raiva dela, apenas cumprindo um combinado para que ela volte a se acalmar.

- Dê apoio emocional: "eu sei que você não gostaria de ter feito isso, agora fique um tempo aqui, que nós voltaremos a conversar" ou "depois que você ficar o tempo aqui, se sentirá melhor e poderemos conversar".
- Findado o tempo do *Time Out* da criança, vá até ela e faça as seguintes perguntas: "você sabe por que veio para cá?" e "qual é o nosso combinado?". Depois, lembre-se de dizer "sei que você vai conseguir agora" ou "podemos voltar às atividades, conto com você!"
- Mesmo após o término do tempo de punição, não é necessário que a criança seja abraçada, beijada e que os ânimos fiquem bem imediatamente. Dê tempo ao tempo, para cada um, professor e criança. É comum sentirmo-nos mal com essas situações e é esperado que a criança perceba que as suas ações geram sentimentos aos outros. Essa habilidade de reconhecer no outro o impacto de suas atitudes é uma habilidade importante a ser construída ao longo da primeira infância. Veja o exemplo:

- "Profe, mas eu já pedi desculpas agora fica feliz!"

- "Eu sei que você já está se comportando bem, eu apenas fiquei chateada, mas daqui a pouco ficarei bem."

Quando usar essas técnicas de modificação do comportamento?

Dentro de um contexto de sala de aula, as crianças precisam ser constantemente disciplinadas para que desenvolvam um padrão saudável de se comportar e de se relacionar com pares e adultos. A figura a seguir está baseada na Pirâmide de Ensino de Fox, Dunlap, Hemmeter, Joseph e Strain (2003) e ilustra as estratégias dos professores e a quem são destinadas.

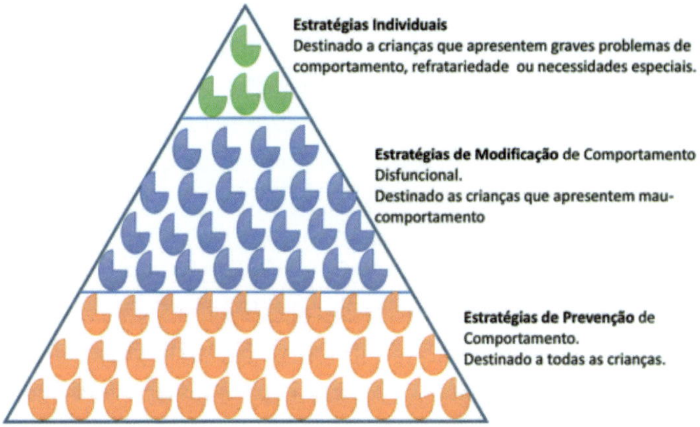

Na base da pirâmide que representa a sala de aula, estão todas as crianças e todas as estratégias e conceitos explanados nos primeiros capítulos desta obra. Incluem as formas de aproximação de um adulto com uma criança, os estilos de interação, o conhecimento do professor sobre o desenvolvimento infantil e as práticas de prevenção de comportamento. Inclui a boa distribuição e planejamento do ambiente de sala de aula que incentiva o bom desenvolvimento das relações sociais e a utilização dos espaços educativos adequadamente.

Já no meio da pirâmide, estão aquelas que necessitarão das técnicas citadas no início deste capítulo, que visam a modificar um comportamento ou diminuir a frequência do mau-comportamento. Compreende o treinamento socioemocional que será exposto a seguir, bem como as técnicas de modificação de comportamento e de solução de problemas sociais.

E no topo da pirâmide, estão aquelas crianças que, mesmo que os professores invistam em estabelecer bons relacionamentos e programem práticas preventivas do mau comportamento e usem estratégias socioemocionais adequadas, continuam a apresentar comportamentos desafiantes e disfuncionais. Por isso, para esses alunos refratários, é necessária uma aproximação individualizada e mais personalizada, geralmente realizada por profissionais da área da saúde mental.

Crianças frequentemente se comportam mal. É muito previsível que quase todos os alunos de uma pré-escola tenham tido alguns comportamentos como mentir, empurrar, perturbar deliberadamente o outro, não aceitar decisões ou imposições de adultos, birras e manhas exageradas. Por exemplo: João (3 anos) estava brincando com um carrinho quando Miguel o pega sem pedir e sai correndo com o mesmo para o pátio onde estão as demais crianças. A tabela abaixo explora diferentes comportamentos de João.

Possíveis Desfechos	Avaliação	Possíveis Intervenções
Situação 1: João cai ao chão e se põe de bruços chorando e batendo as pernas com força como forma de protesto ao ocorrido.	Considerado normal para a idade. Crianças até os 3 anos podem se jogar ao chão, sapatear com os pés e chorar em forma de protesto quando frustrados.	A professora pode abaixar-se afim de aproximar-se de João, acalmá-lo com um abraço. Posteriormente, ensinar-lhe uma estratégia de solução, sem dar a resposta inicialmente.
Situação 2: João chora e corre ao colo da professora contando o que lhe aconteceu.	Considerado normal para idade. Buscar a intervenção de um adulto quando frustrado é uma boa forma de apoio social e possibilidade aprendizagem sobre solução de conflitos.	A professora pode perguntar-lhe o que aconteceu para que o estimule a uma assertiva leitura dos fatos e o ajude a buscar uma estratégia de solução para tal problema.

Possíveis Desfechos	Avaliação	Possíveis Intervenções
Situação 3: João reclama com um breve grito e se vira para a prateleira para escolher outro brinquedo que o divirta	Considerado normal para idade. Quando a criança tem um temperamento que facilite tolerar a frustração, a mesma é mais facilmente envolvida em outra atividade.	A professora pode reforçar João pelo fato de ele ter conseguido ser criativo e ter se envolvido em uma nova atividade sem envolver-se em disputa física ou manhas exageradas.
Situação 4: João não reage contra a situação, permanece onde estava, sem o brinquedo, aparentemente sem se envolver com outro objeto.	Não esperado para a idade. Reagir de forma a chorar, reclamar ou tentar solucionar a sua frustração é saudável na primeira infância.	A professora pode aproximar-se de João, pedir-lhe que descreva o que acaba de ocorrer, e estimular o raciocínio do mesmo para que reaja de forma que busque uma satisfação no momento.

Possíveis Desfechos	Avaliação	Possíveis Intervenções
Situação 5: João sai correndo atrás de Miguel agredindo fisicamente até que Miguel largue o carrinho [das mãos] e ele possa resgatá-lo.	Não esperado para a idade/ocasião. Envolver-se em lutas corporais é mais comum em crianças mais velhas. As mais jovens podem empurrar o par ou puxar o objeto, mas não costumam bater ou agredir com intuito de intimidar.	A professora deve interromper a agressão contendo João e avaliando se Miguel teve algum ferimento. Usar o *time out* com firmeza. Após, empaticamente, auxiliar João a ver uma forma mais assertiva de resolver a situação ocorrida.

O que diferencia o comportamento normal do patológico é a frequência e intensidade com que ele ocorre. Uma dica para sabermos se o comportamento é patológico é dar-se conta do prejuízo que o comportamento disfuncional está acarretando para o desenvolvimento do aluno. Por exemplo, em uma avaliação pedagógica, muito aspectos são levados em consideração. Tais como o desenvolvimento motor, sócio-afetivo, cognitivo, lógico-matemático, processo de alfabetização, etc. Uma criança que exibe episódios de mau-comportamento, mas que não afeta negativamente essas áreas descritas, possivelmente não está apresentando um comportamento patológico. A patologia deve envolver um prejuízo. Um exemplo bastante comum é crianças com Transtorno de Déficit de Atenção e Hiperatividade (TDAH). O TDAH é um transtorno desenvolvimental, ou seja, as crianças não adquirem, elas nascem com o problema e com o passar do tempo ele vem se tornando mais evidente. Por isso, à medida que as exigências de atenção, concentração, planejamento, organização aumentam na primeira infância, é possível encontrar traços bem evidentes do TDAH. No entanto, a criança deverá ser encaminhada para atendimento individualizado com medicação ou terapia, se estiver passando por algum prejuízo significativo. Do contrário, a escola, por meio das práticas do professor, poderá estimular o aprendizado necessário para que desenvolva melhor essas áreas deficitárias. Certamente, se o nível de exigência aumentar e, por consequência, o prejuízo, a criança deve ser encaminhada para intervenções específicas de profissionais da área da saúde mental (psicólogos, psiquiatras, neurologistas ou neuropsicólogos pediátricos).

Não cabe ao professor diagnosticar o aluno, mas aos serviços de psicologia escolar que poderão avaliar ou encaminhar para uma avaliação diagnóstica, quando necessária. O professor é um observador ativo e importante coadjuvante do psicólogo.

Capítulo 8

HABILIDADES SOCIAIS E SOLUÇÃO DE CONFLITOS

Apesar de que uma parcela das pessoas acredite que a criança pequena não precisa de socialização, pois estaria em uma fase na qual o egocentrismo é a característica marcante, é possível observar o contrário. Alguns estudos já demonstraram que crianças menores de um ano de idade tentam ajudar outros a resolver seus problemas. Por exemplo, em uma série de experimentos (Hamlin, Wynn & Bloom, 2007) crianças de até 10 meses foram expostas a uma situação na qual podiam, naturalmente, escolher entre ajudar ou atrapalhar outra pessoa (com base em modelos previamente apresentados) e a grande maioria optou por ajudar. Esse é apenas um dos experimentos que demonstrou como a empatia e o altruísmo começam a ser desenvolvidos desde muito cedo e aos dois anos passam a ser mais evidentes.

O que são habilidades sociais?

São as habilidades necessárias para estabelecer boas relações com outras pessoas. Na primeira infância, inclui fazer novos amigos, manter-se em uma atividade de jogo, convidar colegas para participar de suas atividades, respeitar regras básicas, demonstrar algum nível de empatia em situações simples, saber esperar a sua vez, por exemplo.

A escola de educação infantil, desde o berçário, permite às crianças aprender habilidades que auxiliarão no bom relacionamento entre pares. Por exemplo, eles podem dar às crianças oportunidades de aprender como brincar melhor e se comunicar melhor com os outros, a controlar seus sentimentos agressivos e a resolver problemas e conflitos. Mais especificamente, esses programas podem:

- Ensinar habilidades sociais (através de contação de histórias, ou fantoches)
- Ensinar às crianças a administrar os relacionamentos sociais (compartilhar um jogo ou tolerar a espera pela sua vez).
- Possibilitar ocasiões para colocar em prática algo que tenha sido aprendido em uma rodinha de conversa ou leitura). Por exemplo, se foi discutido sobre o tema "partilhar", oferecer uma atividade específica de um jogo para cada dupla ou trio.
- Usar do reforçamento positivo para aumentar a frequência dos comportamentos habilidosos, como interagir adequadamente com outra criança, dividir o jogo, convidar um par para entrar no seu grupo, etc.

À medida que novas aprendizagens vão acontecendo desde muito cedo, as crianças irão formando seus vínculos de amizade e aprendendo sobre regras do convívio social.

Estabelecer relações entre pares torna-se uma das tarefas de desenvolvimento mais importantes e desafiadoras da primeira infância. Estabelecer relações sociais positivas nessa etapa da vida exige utilizar muitos recursos, incluindo o controle e regulação das emoções que são facilmente despertadas durante uma interação. Para o sucesso de uma boa relação social, estão em jogo diversas questões como as descritas abaixo:

O temperamento	Crianças com temperamento mais difícil podem demorar mais tempo para "se recuperar" após um conflito com colega ou reagir mal a uma intervenção do adulto que esteja auxiliando nesse processo de aprendizagem de habilidades sociais.

O histórico individual	Crianças que tiveram relações adversas anteriormente, como ser trapaceada ou ameaçada por outros, podem criar expectativas ruins dos novos relacionamentos, mesmo que os novos não se apresentem da mesma forma como nos anteriores.
As circunstâncias extras	Problemas familiares podem afetar o comportamento das crianças. Em geral, brigas entre pai e mãe ou dificuldades com irmãos podem refletir em comportamentos agressivos ou relações conflituosas na escola.
As ocasiões	É necessário criar situações em que as crianças possam treinar suas habilidades. Portanto, atividades extremamente dirigidas ou individualizadas não contribuiriam nesse processo. A preferência é por atividades em pequenos grupos, nos quais existem relações em jogo e a observação e intervenção são possíveis.

Os modelos	Professores são modelos essenciais. Por isso, precisam estar atentos a passarem moldes de como iniciar uma conversa, como manter uma interação, como usar palavras socialmente necessárias (por favor, obrigada, etc.), por exemplo.
A informação	A criança que está sendo estimulada a estabelecer bons relacionamentos sociais deve ser constantemente instruída para tal objetivo. Orientações como "Você pode perguntar o nome dele antes", "Convidar o seu colega nesse momento pode ser interessante", "Ele está olhando para você, pergunte algo que você queira saber dele", podem ser exemplos importantes de como instruir uma criança.
As contingências	Reforçar um comportamento é a principal forma de aumentar a sua frequência. Por isso, os professores devem estar sempre atentos a isso, elogiando ou sinalizando os bons comportamentos sociais aos seus alunos.

Os professores são fundamentais na aquisição de habilidades sociais por parte dos seus alunos. Além do tempo que passam juntos, o professor de educação infantil costuma ser um modelo importante a ser seguido devido à carga afetiva que está envolvida nesse contexto. Por isso, a pré-escola se configura em uma área de intervenções e estimulações para o desenvolvimento de habilidades sociais infantis e também para o aumento do repertório de comportamentos pró- sociais das crianças.

Conflitos sociais

Mesmo que as crianças tenham bons modelos e recebam práticas assertivas por parte dos professores para o desenvolvimento dessas habilidades, é lógico que ainda assim as crianças enfrentarão conflitos com pares. Esses conflitos são as brigas mais impulsivas, como as que envolvem os empurrões e mordidas na não partilha de algo, bem como os comportamentos mais elaborados, como não deixar algum colega entrar no grupo.

Resolver esses tipos de conflitos constitui-se em uma importante habilidade a ser desenvolvida. Envolve a capacidade de se colocar no lugar do outro, perceber o problema a partir da perspectiva do colega, ponderar hipóteses, gerar alternativas, tomar decisões, etc. Dessa forma, ensinar para o aprimoramento dessas capacidades da criança é de extrema importância.

Existem modelos de solução de problemas que descrevem como os indivíduos, de maneira geral, resolvem problemas. A seguir, está um passo a passo de como crianças deveriam ser estimuladas a solucionarem conflitos no ambiente escolar, apresentado por Fava (2014), baseado em Sternberg (2000).

1	**Definir o conflito:** saber o ponto inicial do conflito pode ser difícil para os alunos. Por isso, o professor pode ajudar na leitura do evento, encontrando o problema a ser solucionado.	"O que houve aqui?" "Vamos ver o que o outro colega diz." "Me parece que o problema foi esse, vocês concordam?"
2	**Estimular a criança a participar da solução:** resolver o problema para as crianças ou dizer como fazer pode ajudar imediatamente no conflito, mas não costuma ser eficiente a longo prazo, pois não houve uma motivação para que a crianças tentassem solucionar seus próprios problemas o que aumentaria a chance de aprendizado e generalização.	"Entendi, e vamos ver também o que o colega sugere" "Eu posso ajudá-los a encontrar uma solução. O que vocês pensaram?" "Tenho certeza de que encontrarão uma solução, vamos tentar!"

3	**Trabalhar em conjunto para gerar soluções:** não só as crianças envolvidas podem gerar soluções. Outros colegas podem ser convidados a pensarem e sugerirem nesse processo. Assim, é possível que mais crianças aprendam com a mesma situação e também que sirvam como motivadoras para as crianças envolvidas.	"Colegas, tivemos um conflito aqui e queremos a ajuda de todos" "João deu uma alternativa e Miguel deu outra. Alguém tem mais alguma grande ideia?" "Ótima dica, o que vocês acharam dessa alternativa?"
4	**Prever as consequências das ideias levantadas:** a partir das soluções sugeridas pelos alunos, o educador pode apresentar uma consequência para cada uma, chamando a atenção para aquela que seria a melhor estratégia.	Utilizando bonecos ou fantoches ou mesmo falando sobre as consequências. "Acho que se escolhermos essa ideia de cada um colocar uma peça por vez, pode ser que os amigos não queiram construir a mesma escultura." "Se dividirmos as peças igualmente, cada uma poderá fazer a sua escultura ao mesmo tempo"

5	**Avaliação:** analisar como a estratégia empregada funcionou e atentar para a importância da participação das partes no processo de solução de problemas.	Conversar sobre como as crianças solucionaram algo as ajuda a consolidarem o aprendizado. Pode realizar-se logo após a situação conflitiva ou em um momento especial, como roda de conversa ou breves reuniões. Importante reforçar / elogiar o esforço de todos no processo.

DICAS

- Fique atento às crianças quando estão conversando entre si. Você pode observar conteúdos importantes na conversa que expliquem os problemas ou conflitivas que podem vir a surgir.
- Se o trabalho for em duplas, prefira direcioná-las para que uma criança com poucas habilidades sociais brinque com outra mais socialmente habilidosa.
- Brinque com as crianças com mais dificuldades de relacionamentos junto com outro colega. Você servirá de modelo para a criança com dificuldade na interação, bem como para a outra criança, que precisará de tolerância e paciência para com seu colega menos habilidoso.

- Utilize perguntas abertas e expressões assertivas e que desenvolvam um raciocínio empático e que facilite a solução do problema:

  O que houve aqui?

  Como vocês estão se sentindo?

  Você consegue perceber como seu colega está se sentindo? Como?

  O que podemos fazer para melhorar essa situação?

  Você acha que é uma boa ideia? Qual será o resultado?

  Eu sugiro.... Eu concordo... Essa é uma ótima ideia...

  Parabéns por vocês resolverem esse conflito! Foram ótimos!

Capítulo 9

EDUCAÇÃO SOCIOEMOCIONAL

O primeiro capítulo desta obra abordou conceitos importantes da teoria cognitivo-comportamental. Assim, podemos entender que nem tudo a que as crianças se referem é a descrição extada do que aconteceu. Por isso, mesmo na educação infantil, precisamos diminuir os filtros sobre a interpretação dos fatos, que são os erros cognitivos que se apresentam nos pensamentos automáticos. Ajudar as crianças a desenvolverem a flexibilidade, no que diz respeito à interpretação dos fatos, é um fator de contribuição para uma boa educação socioemocional e ajuda as mesmas a terem leituras mais claras sobre como os colegas pensam, sentem e se comportam.

Crianças pequenas têm dificuldade em descrever fidedignamente algumas situações, refletindo os pensamentos distorcidos discutidos no primeiro capítulo, como por exemplo:

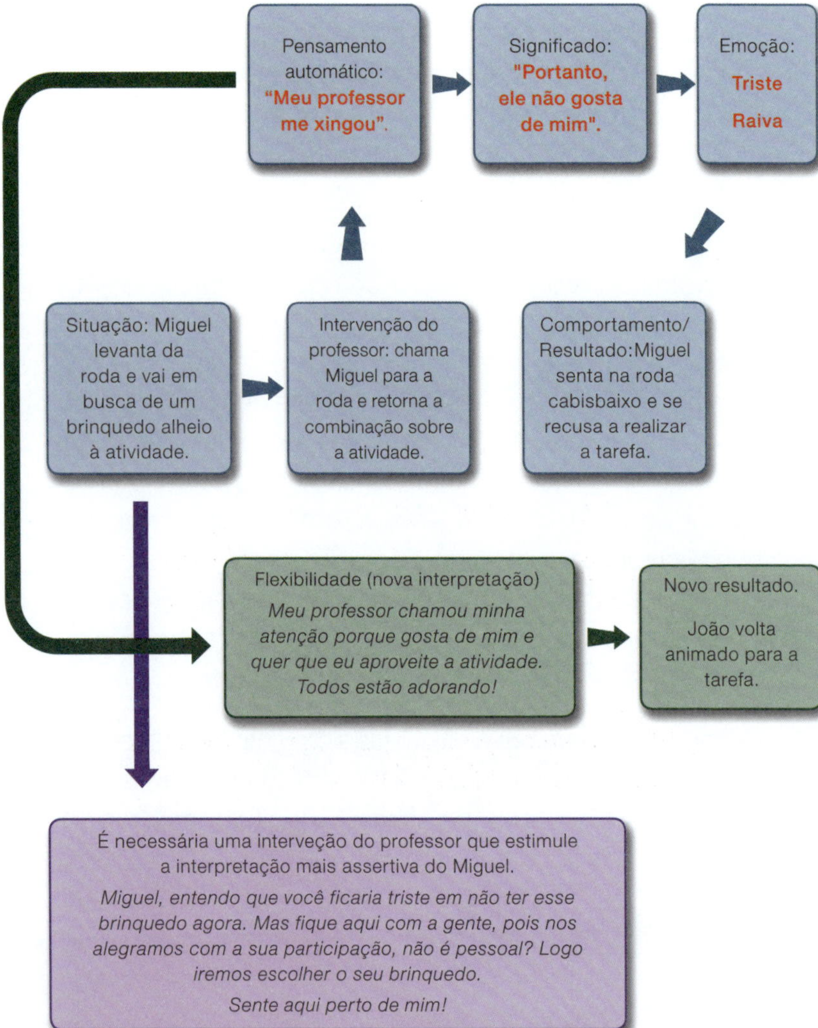
Pensamento automático: "Meu professor me xingou".
Significado: "Portanto, ele não gosta de mim".
Emoção: Triste Raiva
Situação: Miguel levanta da roda e vai em busca de um brinquedo alheio à atividade.
Intervenção do professor: chama Miguel para a roda e retorna a combinação sobre a atividade.
Comportamento/ Resultado: Miguel senta na roda cabisbaixo e se recusa a realizar a tarefa.
Flexibilidade (nova interpretação)
Meu professor chamou minha atenção porque gosta de mim e quer que eu aproveite a atividade. Todos estão adorando!
Novo resultado.
João volta animado para a tarefa.
É necessária uma interveção do professor que estimule a interpretação mais assertiva do Miguel.
Miguel, entendo que você ficaria triste em não ter esse brinquedo agora. Mas fique aqui com a gente, pois nos alegramos com a sua participação, não é pessoal? Logo iremos escolher o seu brinquedo.
Sente aqui perto de mim!

Essa habilidade de entender melhor a situação pode surgir naturalmente mais tarde, mas, se for estimulada durante os primeiros anos de vida, ela pode surgir mais cedo e promover bons relacionamentos interpessoais. Na intervenção assertiva do professor no quadro maior, o professor sinaliza uma emoção (alegria), e sabe-se que crianças que convivem com adultos que descrevem sentimentos conseguem mais facilmente identificar sentimentos em outras crianças.

Essas intervenções que demonstram a identificação de conteúdos emocionais e têm um caráter positivo de enfrentamento das situações são extremamente válidas, mas é claro que isso não significa que todas as crianças sentarão e ficarão imediatamente felizes em participar todas as vezes que isso acontecer. Nesse sentido, é importante que o professor esteja munido de conhecimento para saber ensinar seus alunos a lidarem com as emoções desagradáveis. A sala de aula de uma pré-escola é um palco de emoções. As crianças são, de maneira geral, bastante reativas. Isso significa que demonstram suas emoções facilmente, em um período da vida em que elas se manifestam mais intensamente.

Os educadores da infância podem ajudá-las nessa conscientização sobre as emoções e para isso, podem reger suas intervenções por meio de uma sequência que envolve identificar a situação que gerou a emoção, identificar a emoção e a expressão da mesma, gerenciá-la e, posteriormente, avaliar esse processo. Identificar e reconhecer a situação, apesar de ser o desencadeador da emoção (pois gera uma interpretação) pode vir somente depois nesse processo.

Etapas	Descrição	Observações
Evento	Algumas crianças podem começar a reagir emocionalmente a alguma emoção e não necessariamente identificam o que as despertou. Às vezes, o professor é quem vai sinalizar a emoção. Por exemplo "*João, você parece irritado, o que houve para você jogar suas peças longe?*"	Mesmo que a criança não saiba responder, ela pode ser auxiliada ainda: "*será que algo ruim aconteceu há pouco?*", "*tem algo dando errado por aí?*" E, algumas vezes, o professor vai identificar para o aluno quando ele não conseguir com o auxílio.

Etapas	Descrição	Observações
Expressão	Consiste em perceber o desconforto causado pelas emoções, as formas de expressão das diferentes emoções (físicas, cognitivas e comportamentais) e saber nomear as emoções manifestadas em si mesmo.	Expressão física diz respeito aos sintomas que aparecem no corpo, sensações. Expressões cognitivas dizem respeito àquelas que representam um significado como "sou burro" ou "ela não gosta de mim". Exemplos de expressões comportamentais são o choro, a agressão, o jogar-se no chão, etc.
Gerenciamento	Saber o que fazer para não entrar em apuros é uma tarefa bastante complexa. Envolve ter um comportamento aceitável, mesmo sentindo raiva, por exemplo.	Diversas técnicas estão associadas à regulação emocional, como os relaxamentos, a respiração profunda, as práticas de meditação informal, etc.

Etapas	Descrição	Observações
Avaliação	Conversar com os alunos sobre como ele gerenciou a solução do problema é válido, pois deve assumir um caráter reforçador pelo esforço e dedicação, instrutivo para melhorar a aprendizagem e apoiador para incentivar o aluno a ter um bom desempenho nas situações futuras.	Essa avaliação pode ser feita em grupo ou em conversas privadas. Em geral, se o aluno tem um bom desempenho, pode ser discutido em grupo e, quando teve maiores dificuldades, que ele possa se sentir envergonhado, é preferível a conversa privada.

DICA

Em qualquer atividade que se proponha, é possível desenvolver um conteúdo socioemocional. Por exemplo, se a turma está trabalhando um projeto sobre o 'fundo do mar', ou 'floresta', o professor pode, em algum momento, discutir sobre o medo ou sobre a alegria facilmente criando exemplos entre os personagens (animais). Além de proporcionar o conteúdo para a aprendizagem das emoções, também torna a atividade ainda mais lúdica.

Proposta de intervenção para todas as crianças acima de dois anos

Grupo das emoções

Encontros Temática	Descrição	Materiais Utilizados
Emoções (sem diferenciar de sentimentos). Alegria Tranquilidade Raiva Tristeza Medo Nojo	O que são as emoções? Quais são as emoções? Por que sentimos emoções? Levar conhecimento geral aos alunos e introduzir o tema (incluindo informação sobre a normalidade das emoções e a importância de expressá-las de uma forma que não cause problemas a si e aos outros).	Apresentar brevemente quais são os livros que serão utilizados, as atividades realizadas e o objetivo, que é a conscientização das emoções e a regulação emocional.

Encontros Temática	Descrição	Materiais Utilizados
Alegria (Feliz, Contente)	Sinais da alegria. Pensamentos ligados a alegria. Expressão da alegria (incluindo as que podem causar problemas, como pular de alegria em uma fila descendo as escadas)	Desenhos da expressão facial da alegria, contação de histórias felizes dos alunos, criar um porta-retratos para guardar a foto ou desenho que lembre a "minha alegria" ou "meus momentos alegres".
Tranquilidade (Serenidade, algumas crianças dizem "normal")	Sinais da tranquilidade. Pensamentos ligados a tranquilidade. Expressão da tranquilidade (indicação de que podemos nos sentir tranquilos à medida que conseguirmos lidar com as emoções desagradáveis). Definição do que ajuda cada aluno a se sentir tranquilo (para ajudar na busca da tranquilidade).	Desenhos da expressão facial da tranquilidade ou busca por gravuras e recorte, criar um amuleto que indique um sinal para buscar a sua tranquilidade de quando tiver um momento difícil ou uma emoção perturbadora.

Encontros Temática	Descrição	Materiais Utilizados
Raiva *(Irritado, Bravo)*	Sinais da raiva Pensamentos ligados a raiva Expressão da raiva Formas de lidar com a raiva (meditações informais, releitura dos fatos / nova interpretação, técnicas de relaxamento guiado por músicas, técnicas de respiração, metáfora da onda de raiva)	Escultura com argila da expressão facial da raiva, contação de situações que deixaram os alunos irritados e discussão sobre manejo baseada em personagens. Confecção da garrafa do "acalmamento" (garrafa pet com purpurina e lantejoulas para prática meditativa informal).

Encontros Temática	Descrição	Materiais Utilizados
Tristeza	Sinais da tristeza Pensamentos ligados a tristeza Expressão da tristeza Formas de lidar com a tristeza (releitura dos fatos / nova interpretação, cartões de enfrentamento, lembrar de memórias felizes ou tranquilas)	Fotos das crianças com expressão facial da tristeza, contação de situações que deixaram os alunos tristes e discussão sobre manejo baseada em personagens de livro guia. Criar cartões que os alunos terão afixados na sala de aula que lembrem, por meio de desenhos e gravuras, o uso do amuleto da tranquilidade.
Medo	Eventos que podem gerar medo. Pensamentos ligados ao medo (incluindo a nova interpretação do objeto ou situação que gera medo). Expressão do medo Enfrentamento do medo	Colagem / desenho sobre a expressão fácil do medo e sobre o enfrentamento do medo (medo – coragem). Trechos de filmes de mostrem personagens com medos que se tornam corajosos.

Encontros Temática	Descrição	Materiais Utilizados
Nojo	Situações que podem causar nojo (comidas, cheiros, aspectos visuais e também pessoas diferentes com quem a criança possa não se sentir à vontade para permanecer junto). Funções do nojo (protetivas, em caso de comida com cheiro ruim, por exemplo) Pensamentos disfuncionais e exagerados ligados ao nojo (contaminação, ficar sujo para sempre, ficar doente se encostar em algo) Expressões do nojo (incluindo dificuldade em provar novos sabores, por exemplo).	Atividade para construir a expressão facial no nojo, leituras afins e discussão sobre personagens e sobre diferenças entres pessoas, aparências, etc. Uso de filmes e gravuras sobre situações, alimentos novos. Experimentação coletiva de alimentos aos quais a turma por ventura tenha resistência pela aparência.

O acesso às emoções pode ser realizado de diferentes maneiras, incluindo fantoches, teatro, assistindo filmes ou lendo histórias com o tema. Algumas sugestões de leituras sobre emoções estão no final desta obra. O professor é um importante personagem da vida real! Ele deve sinalizar as emoções próprias e a de seus alunos e lembrar sobre o que vem sendo trabalhado nos encontros destinados à temática.

A partir dos dois anos de idade, as crianças são mais hábeis em tolerar frustrações e em controlar seus impulsos, atingindo maior autocontrole. A auto regulação emocional é uma habilidade desenvolvida para regular voluntariamente as emoções e o comportamento e consiste em uma das mais significativas conquistas na primeira infância (Marion, 2007).

Capítulo 10

SISTEMA DE PONTOS PARA ESTIMULAR BONS COMPORTAMENTOS

Muitos professores podem ver-se perdidos quando a turma está se comportando mal. A economia de fichas e uma técnica advinda da teoria comportamental criada em 1968 por Ayllon e Azrin. Desde então, a técnica veio passando por inúmeras adaptações e, atualmente, é usada por leigos e com frequência está na mídia também. Claro que, popularizada como está, algumas pessoas acabam fazendo o mau uso dessa técnica.

Este capítulo tem o objetivo de ensinar o professor a usar a economia de fichas ou sistema de pontos para promover mais comportamentos positivos entre os alunos, funcionando como um meio de estimulação para atingir os objetivos (bons comportamentos).

Construção da Atividade

A **primeira etapa** consiste em fazer uma lista dos comportamentos-alvo (o que é esperado da turma). No caso de crianças pré-escolares, é necessária a ilustração gráfica de cada um deles para facilitar a identificação na hora da contagem dos pontos. É fundamental o esclarecimento do que é cada comportamento. Por exemplo, o comportamento-alvo 'obedecer ao professor' consiste em executar o pedido do professor imediatamente ao primeiro aviso.

A **segunda etapa** inclui estabelecer pontos para cada comportamento. Ao lado de cada comportamento estará quantos pontos ele valerá. Os pontos podem ser por cores (verdes valem mais e amarelos valem menos), por um único símbolo (arrecadar o maior número possível de estrelas), ou por pontos numéricos (comportamentos fáceis de conseguir valerão 1, médios valerão 2 e difíceis valerão 3).

Comportamentos-Alvo	Pontos
Deixar sua classe organizada	
Guardar seus materiais e brinquedos logo após o uso	
Aceitar fazer a higiene após as refeições	
Aguardar a sua vez para falar	
Respeitar as regras do jogo	
Jogar futebol sem machucar os colegas	

A **terceira etapa** consiste em definir as recompensas. Para isso, o professor deve prever o número máximo de pontos possíveis por semana. Se, por exemplo, o número máximo de pontos possíveis for 90, as recompensas começam com pontos inferiores a 90, para que, se eles não consiguirem atingir plenamente, ainda possam ser recompensados. A ideia principal dessa técnica é estimular para o esforço em alcançar metas.

50 pontos	Atividade livre entre os períodos
75 pontos	Jogar caçador no recreio
100 pontos	Ouvir música durante a aula de artes
150 pontos	Lanche coletivo na sala de recreação
200 pontos	Ida ao parque, museu, etc.

IMPORTANTE!

Quanto menor as crianças da turma, mais a técnica deve ser aplicada de forma simplificada. Enquanto crianças maiores, de 5 e 6 anos de idade, podem acumular pontos na semana, as menores, de 3 e 4 anos de idade, podem acumular pontos durante o dia e receber a recompensa no final do dia.

Condução da atividade

À medida que os alunos forem acumulando pontos, eles podem trocar por recompensas. No final do dia, o professor deve fazer a contagem dos pontos adquiridos. Essa é uma atividade importante e deve ser feita sempre em conjunto com as crianças, pois é um meio de incentivar a autocrítica e o reconhecimento de bons e maus comportamentos. No final da semana (de segunda a sexta-feira), os pontos adquiridos em todos os dias são somados e devem ser trocados por recompensas que foram escolhidas pela turma previamente.

Algumas turmas preferem acumular pontos para trocarem por algo mais valioso na semana seguinte. Essa atitude deve ser valorizada! Além das premiações previstas na técnica, os educadores devem investir em reforçadores sociais. Isso significa que, além das práticas assertivas discutidas ao longo deste guia, os professores devem elogiar cada conquista e não somente esperar para reforçar com as fichas. Lembrem-se: o sistema de pontos é um meio para conseguir aumentar a frequência de comportamentos de forma lúdica e motivadora. No entanto, o dia a dia deve ser regado com apoio, disciplina e reforçamento.

Portanto, a principal meta do uso da economia de fichas é que as crianças percebam que o bom comportamento gera recompensas sociais imediatas. Por isso, os alunos precisam ser incentivados a perceberem que, por exemplo, quando brincam com respeito, os amigos e os professores os elogiam, ficam felizes e os incluem em todas as brincadeiras.

O tempo de duração da técnica é variável, podendo durar semanas ou meses. Ela deve ser interrompida quando os reforçadores sociais estiverem sendo utilizados com mais frequência e o clima da sala de aula estiver na maior parte do tempo amistoso e sem conflitos. Nesse momento, o clima, as relações estáveis ou os elogios estariam impulsionando os comportamentos desejados mais do que as próprias recompensas combinadas.

No final da técnica, é bom fazer com os alunos uma reunião que avalie todo o processo. Recomenda-se motivar os alunos para que sigam se comportando bem e eles podem receber certificados pelo bom desempenho e até mesmo uma medalha de bom comportamento. Explica-se que os pontos não serão mais necessários, pois todos aprenderam com a atividade e a partir de agora, eles terão um momento especial todas as sextas-feiras por manterem o bom comportamento, por exemplo. Caso as combinações voltem a não serem cumpridas, esse momento pode ser reduzido e sempre é fundamental a retomada dos combinados de forma apoiadora e empática, ajudando os alunos a atingirem os objetivos.

IMPORTANTE!

Não é recomendável que essa técnica seja individualizada. Por exemplo, contar os pontos por cada aluno (João ganhou, mas Maria e Miguel, não). Isso estimularia a competitividade e poderia gerar frustração naqueles que não conseguiram atingir objetivos. Estimule a atividade em grupo. Se a turma se comportou bem ou atingiu o objetivo, ganha-se o ponto. Claro que as crianças irão dizer, por exemplo, "todos nós guardamos os brinquedos, mas o João se recusou". Essa é um excelente oportunidade para entender os motivos de o João não ter aceitado a regra naquele momento e todos darem dicas e apoio para que ele consiga na próxima vez.

Recado ao professor

Além de compreender o seu aluno e atuar da maneira mais assertiva possível, você precisa tomar cuidado com você mesmo. Professores são profissionais que trabalham em um nível sistêmico bastante intenso. Relacionamento com os alunos, com a equipe, com o corpo diretivo e com as famílias dos alunos.

Além disso, têm suas próprias expectativas e pressões. Têm as suas próprias vidas e precisam tomar conta delas, enquanto executam a grande tarefa de ensinar sobre habilidades de viver bem às crianças.

Desenvolva uma rotina saudável, organize seu tempo, crie rotinas funcionais, aprimore suas habilidades sociais, regule suas emoções, relaxe, motive-se para objetivos. Enfim, isso é tudo que você deseja ao seu aluno. Pense em você também!

Por isso, ao compreender os conceitos da abordagem cognitivo-comportamental, coloque-os em prática na sua própria vida.

Procure livrar-se dos filtros (erros cognitivos frequentes e demasiados) que tornam os pensamentos automáticos disfuncionais e geram emoções desagradáveis. Na medida do possível, incorpore esses aprendizados para que o seu convívio com os demais seja beneficiado, e por consequência, seu bem-estar aumente.

Um excelente trabalho a você!
Débora Fava

Referências

Ayllon, T. & Azrin, N. (1968). *The token economy:* A motivational system for therapy and rehabilitation. East Norwalk: Appleton-Century-Crofts.

Bandura, A., & Walters, R. H. (1977). *Social learning theory.* New York: General Learning Press.

Barkley, R. A. (1997). *Defiant children:* A clinician's manual for assessment and parent training (2nd. ed.). New York: Guilford.

Baumrind, D. (1996). Parenting: The discipline controversy revisited. *Family Relations, 45,* 405-414.

Beck, A. T. (Ed.). (1979). *Cognitive therapy of depression.* New York: The Guilford press.

Belsky, J., Jaffee, S.R., Sligo, J., Woodward, L., & Silva, P.A. (2005). Intergenerational transmission of warm-sensitive-stimulating parenting: A prospective study of mothers and fathers of 3-year-olds. *Child development, 76*(2), 384-396.

Benedict, E.A., HOorner, R.H., & Squires, J.K. (2007). Assessment and implementation of positive behavior support in preschools. *Topics in Early Childhood Special Education, 27,* 174-192.

Bolsoni-Silva, A.T., Marturano, E.M., Pereira, V.A., & Manfrinato, J.W.S. (2006). Habilidades sociais e problemas de comportamento de pré-escolares: Comparando avaliações de mães e de professoras. *Psicologia: Reflexão e Crítica, 19*(3), 460-469.

Brady, K. & Woolfson, L. (2008). What teacher factors influence their attributions for children's difficulties in learning? *British Journal of Educational Psychology,* 78, 527-544.

Bronfenbrenner, U. & Ceci, S.J. (1994). Nature-nurture reconceptualized in developmental perspective: A bioecological model. *Psychology Review, 101*(4), 568-586.

Curtis, D. & Carter, M. (2003). *Designs for living and learning:* Transforming early childhood environments. St Paul, MN: Redleaf Press.

Daolio, C. C., Elias, L. C. S., & Neufeld, C. B. Aplicação da abordagem cognitivo-comportamental em escolas. In: Federação Brasileira de Terapias Cognitivas; Carmem Beatriz Neufeld; Eliane Falcone; Bernard Rangé. (Org.). PROCOGNITIVA Programa de Atualização em Terapia Cognitivo-Comportamental. 1ed. Porto Alegre: Artmed Panamericana, 2016, v. 1, p. 85-122.

Erikson, E. H. (1950). *The life cicle completed.* New York: Norton.

Fava, D. C. (2014). Terapia cognitivo-comportamental no contexto pré-escolar. *In* Melo, W. V. (org). *Estratégias Psicoterápicas e a terceira onda em terapia cognitiva* (pp 529-563). Novo Hamburgo: Sinopsys.

Fava. D. C. (org). (2016a). *A prática da psicologia na escola:* introduzindo a abordagem cognitivo-comportamental. Belo Horizonte: Artesã.

Fava, D. C. (2016b). A terapia cognitiva na primeira infância. *In* Federação Brasileira de Terapias Cognitivas,

Neufeld, C. B., Falcone, E. M. O. & Rangé, B. P. (Orgs.). PROCOGNITIVA Programa de Atualização em Terapia Cognitivo-Comportamental: Ciclo 3. Porto Alegre: Artmed Panamericana. (Sistema de Educação Continuada a Distância, v. 3).

Forehand, R. L. & McMahon, R. J. (1981). *Helping the noncompliant child:* A clinician's guide to parent training. New York: Guilford Press.

Fox, L., Dunlap, G., Hemmeter, M. L., Joseph, G. E., & Strain, P. S. (2003). The teaching pyramid: A model for supporting social compe- tence and preventing challenging behavior in young children. *Young Children,* 58(4), 48-52.

Hamlin, J. K., Wynn, K., & Bloom, P. (2007). Social evaluation by pre verbal infants. Nature, 450, 557-559.

Kazdin, A. E. (2005). *Parent management training:* Treatment for oppositional, aggressive, and antisocial behavior I children and adolescents. New York: Oxford University Press.

Marion, M. (2007). *Guidance of young children* (7.ed). Columbus: Pearson Merril Prentice Hall.

Milot, T., Éthier, L. S., St-Laurent, D., & Provost, M.A. (2010). The role of trauma symptoms in the development of behavioral problems in maltreated preschoolers. *Child Abuse & Neglect, 34*, 225-234.

Murray, D. W. (2010). Treatment of preschoolers with attention-deficit/hyperactivity disorder. *Current psychiatry reports, 12*(5), 374-381.

B. F. Skinner. (1938). The Behavior of organisms: an experimental analysis. NewYork: Appleton Century Crofts.

Sternberg, R. J. (2000). Resolução de Problemas e Criatividade (pp 305-338). *In*: Sternberg, R. J. (2000) *Psicologia Cognitiva*. Porto Alegre: Artmed.

Sugai, G., Horner, R. H., Dunlap, G., Hieneman, M., Lewis, T. J., Nelson, C. M., Scott, T., Liaupsin, C., Sailor, W., Turnbull, A. P., Turnbull III,. H. R., Wickham, D., Wilcox, B., & Ruef, M. (2000). Applying positive behavior support and functional behavioral assessments in schools. *Journal of Positive Behavior Interventions, 2*(3), 131-143.

Thomas, A., Chess, S., & Birch, H.G. (1970). The origin of personality. *Scientific American*, 102-109.

Vitola, Y. L. C., Fleitlich-Bilykb, B., Goodmanc, R., & Bordin, I. A. S. (2005) Crenças e atitudes educativas dos pais e problemas de saúde mental em escolares. *Revista de Saúde Pública, 39*(5), 716-724.

Weiz, J.R. & Jung, E. (2004). Individual and group psychotherapies for children and adolescents. InH. Remschmidt, M.L. Belfer, I. Goodyer. *Facilitating pathways*: Care, treatment and prevention in child and adolescent mental health (pp. 140-163). Berlin: Springer.

Sugestões de leitura

Sugestões de leitura sobre desenvolvimento

Martorell, G. (org) (2014). *O desenvolvimento da criança do nascimento a adolescência*. Porto Alegre: AMGH.

Sugestões de leitura sobre disciplina

Clark, L. (2009). SOS *Ajuda para pais*: um guia prático para lidar com problemas de comportamento comuns do dia-a-dia (3ed). Rio de Janeiro: Editora Cognitiva.

De Souza, E. S. (org) (2010). *Como proceder frente a indisciplina escolar*: cartilha de orientações. Ministério Público do Estado de Goiás.

Marion, M. (2007). *Guidance of young children* (7. ed). Columbus: Pearson Merril Prentice Hall.

Sugestões de leitura sobre abordagem cognitivo-comportamental em escolas

Fava. D. C. (org). (2016a). *A prática da psicologia na escola*: introduzindo a abordagem cognitivo-comportamental. Belo Horizonte: Artesã.

Fava, D. C. (2014). Terapia cognitivo-comportamental no contexto pré-escolar. *In* Melo, W. V. (org). *Estratégias Psicoterápicas e a terceira onda em terapia cognitiva* (19, pp. 529-563). Novo Hamburgo: Sinopsys.

Sugestões de leitura sobre bem-estar do professor e demais considerações sobre o professor

Falcone, E. M. O., Plácido, M. G., Krieger, S. & Barros, P. (2016). Saúde do educador: os esquemas mentais do professor e o apoio ao profissional. *In* Fava, D. C. (org). (2016a). *A prática da psicologia na escola*: introduzindo a abordagem cognitivo-comportamental (15, pp. 373-386). Belo Horizonte: Artesã.

Lipp, M. E. N. (2016). O stress do professor frente ao mau comportamento do aluno. *In* Fava, D. C. (org). (2016a). *A prática da psicologia na escola*: introduzindo a abordagem cognitivo-comportamental (14, pp. 351-372). Belo Horizonte: Artesã.

Sugestões de leitura sobre emoções para trabalhar com crianças

Coleções "Quando me sinto" da autora Trace Moroney da Editora Ciranda Cultural.

A autora

Débora C. Fava é Mestre em Cognição Humana pela Pontifícia Universidade Católica do Rio Grande do Sul, Especialista em Terapia Cognitivo-Comportamental (WP) e tem formação em Manejo do Comportamento Infantil – Piedmont Virginia Community College (USA). Terapeuta Cognitiva Certificada e Membro da Comissão de Certificação de Terapeutas no Brasil – FBTC (Edição 2017). Atualmente ministra aulas nas áreas de psicopatologia e terapia cognitivo-comportamental em contextos clínicos e escolares em cursos de pós-graduação em diversos estados do Brasil. É coordenadora da ELO – Psicologia e Desenvolvimento, pela qual oferece cursos para gestantes, pais, educadores e psicólogos. Além disso, é mãe da Bárbara, uma menina esperta e que desperta o amor infinito e os desafios da maternidade.

Leia também

A prática da psicologia na escola: introduzindo a abordagem cognitivo-comportamental

Débora C. Fava

Nº de páginas: 408

ISBN: 978-85-88009-60-8

Este livro tem como objetivo principal contribuir com informações teóricas e principalmente práticas da atuação do psicólogo nas escolas, colaborando para um melhor desenvolvimento socioemocional de crianças e adolescentes e melhor atuação do professor. Dentro dessa perspectiva, o livro conta com o embasamento da abordagem cognitivo-comportamental (ACC) para prevenir e intervir problemas em saúde mental. Os capítulos seguem uma ordem conforme o desenvolvimento infantil e o contexto escolar. Dessa forma, cada assunto prevê a inserção da ACC em diversos campos de atuação do psicólogo escolar e dos educadores nas escolas. O público-alvo do livro são estudantes e profissionais das áreas da psicologia escolar e educacional, psicologia do desenvolvimento, terapia cognitiva, educação e pedagogia. Pode ser utilizado como livro texto de diversas disciplinas dos cursos de graduação em Psicologia e Pedagogia.

Este livro foi composto com tipografia Helvetica Neue
e impresso em papel Offset 90g. na Gráfica Del Rey.